EDITORA **TRINTA ZERO NOVE**

"A tradução não se cinge apenas a palavras:
é uma questão de tornar inteligível uma cultura inteira."
Anthony Burgess

EDITORA TRINTA ZERO NOVE
Título **O Redentor do Mundo**
Direcção da colecção **Sandra Tamele**
Revisão **Editora Trinta Zero Nove**
Capa e Projecto Gráfico Pedro Muamby
Paginação BROKEN Creative Agency
Impressão **Editora Trinta Zero Nove**

ISBN: 978-989-54516-6-1
Depósito Legal DL/BNM/550/2020
Registo 10218/RLINICC/2020
© 2020 Editora Trinta Zero Nove tradução portuguesa publicada com o acordo dos autores e tradutores que detêm os respectivos direitos autorais

Av. Amílcar Cabral, nº1042
Maputo
Moçambique

contacto@editoratrintazeronove.org
www.editoratrintazeronove.org
(f) (o) @editoratrintazeronove

O Redentor do Mundo

Conto | (en)cont(r)os 02

O Redentor do Mundo

Colectânea de Contos Traduzidos
pelos vencedores do Concurso de Tradução Literária 2019
Coordenação de Sandra Tamele

TRINTA ZERO NOVE

ÍNDICE

Vencedores 2019:
1º lugar: Ana Alexandra Araújo do Rosário
2º lugar: Joana Mafalda de Sousa Albergaria Teixeira
3º lugar: Lorna Telma Zita *ex aequo*
          Unigénito Bernardo Mabjaia

Menções honrosas:
Ana Mato Hombre
Roger González Margalef

Júri:
Dr.ª Abiba Abdala
Dr. Abudo Machude
Dr.ª Cecília Abreu

Adam Foulds
O SALVADOR DO MUNDO
Tradução do Inglês para Português
Ana do Rosário

húmidas em camisas caras. (Algo a trouxe de volta. O quê? Talvez a mulher atrapalhada que acabava de entrar com o casaco amarrado pelas suas mangas em torno da cintura e com um audioguia preso na orelha). Em Nova Iorque, Patricia tinha visto o brilho da transpiração que se espalhava pelas linhas de cabelo de homens excitados que seguravam os seus telefones com câmaras em frente ao leiloeiro que dizia aos agentes encurralados nas suas caixas, "Não é seu neste momento. Dê-me uma oferta. Ainda está com François. Ele ainda está com François". Os agentes olhavam cegamente em todas as direcções, um ou dois mantendo uma mão atrasada em cima, enquanto se apertavam contra os seus telefones e ouviam as instruções dos seus clientes distantes. Numa oferta de trezentos milhões de dólares, eclodiram saudações e aplausos. Patricia virou-se para um colega jornalista ao seu lado que se ria e dizia algo inaudível no bulício, ele abanava a cabeça e os seus olhos brilhavam com a loucura infecciosa que se apoderara da sala. Incrementos de cinco milhões de dólares, saltos repentinos de dez ou mais. A cada salto, mais risos e aplausos e uma estranha imponderabilidade eufórica. E por que parar? O mercado estava em movimento, uma maré crescente de dinheiro, e quem se importava se certos especialistas, Patricia incluída, pensavam que *O Salvador do Mundo* não era um Leonardo? Uma imagem do quadro, não o quadro em si, olhava de uma tela grande para a multidão, com a mão levantada em bênção. Vê-lo ali novamente, confirmava a sua opinião. Talvez tivesse sido produzido no estúdio dele, mas Patricia duvidava até disso. Para ela, este tinha sinais de Boltraffio. O Cristo tinha o mesmo repetitivo cabelo cacheado que a *Menina com Cerejas* de Boltraffio, bem como a apresentação frontal plana de um retrato de Boltraffio, que não se via em nenhum Leonardo. Na sala de leilões, tudo isto não tinha qualquer significado. As pessoas acreditavam o suficiente, escolhendo certos especialistas em vez de outros, para permitir este surto selvagem de investimento, esta inclinação para autoridade e prestígio.

No quadro *A Virgem, o Menino, Sant'Ana e São João Baptista* da Galeria Nacional, tudo estava correcto, encaixando-se de forma convincente, apesar da complexidade da composição, com a Virgem sentada parcialmente de forma estranha no colo de Santa Ana, o menino Jesus inclinando-se sobre as suas coxas sobrepostas para abençoar o pequeno São João. N' *O Salvador do Mundo*, até o braço em bênção não parecia correcto; o ângulo insinuava um cotovelo impossível a meio caminho do pulso.

Mas como se poderia absorver plenamente a maravilha deste quadro? Como se poderia vê-lo o suficiente? Sobre esta página grande, pendurada agora a alguns metros à frente de Patricia, a mão de Leonardo tinha-se mexido, o seu subtil lápis criava a solene queda da cortina, a suavidade do cabelo, as sombras que definiam a luz ao longo de um braço ou que caíam sobre os rostos sagrados e sorridentes com uma quase senciente ternura. Patricia sentiu que quase conseguia ouvir o sussurrante contacto rítmico entre a grafite e o papel, a adrenalina da mão de Leonardo sobre uma nova área para trabalhar. Os seus olhos moveram-se entre os quatro rostos e desceram pela forte solidez dos seus corpos até aos pés inacabados, evaporando-se em contornos vazios. A mão de Santa Ana era do mesmo tipo de ausência, a forma de uma mão apenas, apontando para o paraíso.

Alguns dos visitantes da pequena sala viam a maravilha nisto. Patricia observava-os a abrandar até pararem na sua presença, as suas bocas abriam numa exalação de prazer, o 'ah' de um inesperado encontro feliz quando percebiam a grande sorte de lá estarem. Talvez sentissem um alívio, como Patricia sentira, o alívio de uma conexão real. Patricia não estava ansiosa por se levantar e sair deste lugar.

Hoje era uma das raras ocasiões em que Patricia tinha de ir ao escritório do jornal. Afundou-se dentro de si mesma ao pensar na barulhenta e agitada viagem no metro de Londres e na longa caminhada pelos túneis de King's Cross. Depois da sua viagem, Patricia estava ainda cheia da sensação de movimento à deriva, o seu corpo desestabilizado pela corrida de táxi, pelas horas de voo, pelos tapetes rolantes, pelas luzes, pela segurança e pelas lojas do aeroporto. Ela odiava as lojas, em particular aquele caminho sinuoso obrigatório por entre os perfumes e chocolates e álcool que parecia haver em todos os aeroportos agora, desenhado para prolongar o confronto com estes produtos e com os modelos vidrados, de olhos mortos e aparentemente invejáveis nos seus anúncios, lábios entreabertos em expressões de sensualidade exausta, ouro cintilando nas maçãs dos seus rostos. Eles não significavam nada.

No passado, Patricia apreciara as visitas pouco frequentes ao escritório. Subindo de elevador, ela saiu para o zumbido de importância naquele lugar, o bater dos teclados, os toques dos telefones e a adrenalina da informação em directo. Mas hoje em dia, as notícias eram tão sórdidas e tristes. Trump e Brexit. Trump e Brexit. Como toda a gente, Patricia tinha-se acostumado às palavras que estavam infinitamente na sua mente, interrompendo os seus pensamentos. Todos conheciam as palavras e repetiam-nas e discutiam os seus significados à medida que o mundo se tornava, ao mesmo tempo, urgente, chato e irreal. Os rostos inchados e amargos, as actualizações, todos passavam ao mesmo tempo em inúmeros écrans nas paredes e secretárias e nas mãos das pessoas. Às vezes, o desenrolar destas histórias era interrompido por notícias terríveis dos escombros da Síria ou do Mediterrâneo onde mais refugiados se tinham afogado. E noutras secções: artes, desportos, dinheiro, propriedade, tecnologia, algo sobre veganismo, sobre um programa de televisão, sobre um casal real. Ela já tinha adicionado a sua própria contribuição ao barulho, enviando por e-mail um artigo sobre o leilão do *O Salvador do Mundo* pouco depois do chocante preço final ter sido alcançado e comemorado numa adrenalina extática de *flashes* de fotografia. Se ao menos ela pudesse permanecer nesta pequena sala escura na Galeria Nacional até que o crepúsculo lá fora igualasse ao crepúsculo lá dentro. Ela poderia levantar-se então e encontrar o seu caminho para casa em silêncio. Ela poderia levar com ela o silêncio do quadro, o silêncio das caras de Maria e de Ana tão perto uma da outra, respirando o mesmo ar, conhecendo uma a outra, o silêncio da mais profunda solidariedade, do tipo que nunca precisa de dizer o seu próprio nome.

Raquel Martínez-Goméz
NEBULOSA DE CIDADE
Tradução do Espanhol para Português
Joana Mafalda Teixeira

A caminho do aeroporto as minhas mãos ainda cheiravam a sardinhas. O motorista da Câmara Municipal de Lisboa apontava para a ponte que atravessava o estuário do rio Tejo, construída na época do ditador Salazar e que depois passou a chamar-se 25 de abril. As suas palavras substituíram momentaneamente a minha obsessão com aquele odor preso à ponta dos meus dedos. Muitas de nós, espanholas, admirávamos a Revolução dos Cravos, bem como o facto de o país não ter recuperado a monarquia, essa imposição rançosa que no outro pedaço de Península alimentava a nossa mansidão e tacanheza. Observei o perfil de uma Lisboa oceânica enquanto a minha mente construía uma colagem sobreposta de outras revoluções. Surgiam todas em cascata: regressei ao sorriso do museu, esse sorriso que se esfumava entre os meus dedos. *Flashes* de utopia e distopia de cidade, o ritmo da pulsação de um coração que há muito não palpitava galopante por *overdose* de burocracia. O azul dos olhos do pai, emoldurado por sombras olheirentas, que agudizava o *jet lag* e as vigílias noturnas. Escutámos as histórias do racismo no Padrão dos Descobrimentos: escravatura e antropofagia, conversões forçadas de judeus, imagens de santos erguidos sobre pessoas de outra cor. Estatuária mexicana das igrejas de itinerários meus de outros tempos. Despertou um sentimento que me conduzia ao que havia sido. Vice-reinado, conquista, brancos, mulatos. Não, os indígenas não contavam. O esquecimento. O relato de uma evolução que permitiu a reprodução de cristos negros. E outra vez a pulsação daquelas imagens de um futuro que estava por vir, que nos faziam sonhar com alargamentos das fronteiras naturais da cidade: plataformas no mar, enxames de edifícios que extrairiam a sua energia da água. A escola de arquitetura onde aprendeu sobre mestres que retorciam os seus edifícios em redondezas. A UNAM que também era minha. Algo se movia no meu interior. O convulsivo pulsar de pedaços de cidade que em poucas ocasiões deixavam vislumbrar espaços verdes: fábricas, arranha-céus, lugares onde amontoar resíduos, lixo radioativo. Os relatos surgiam em cascata. Fascínio compartilhado que surpreendia os nossos olhos. Via regressar o México e as suas experiências. Durante muito tempo quis ignorar todas as convulsões que me provocava. Dilacerava-me sempre. Premonição ainda incompreensível. Outra vez perto, recordando-me que de certa forma não me tinha ido embora.

No carro do município, a caminho do aeroporto, tirei a toalhita húmida que um dia guardei prudentemente na minha mala. Limpei os dedos, celebrando a sensação que percorria o meu corpo, que ainda não tinha ido embora. As minhas mãos precisam de tocar em algo que desapareceu. O motorista referia-se nesse momento ao aqueduto romano, mas o seu português adensou-se e não consegui decifrar todas as palavras. O Atlântico chocava com o meu olhar. Era demasiada a água que nos separaria. Separa a possibilidade que é suave, como as transições arquitetónicas dessa escola portuguesa. Nada tem que ver com a pulsação, com esse ritmo exagerado, impossível de eliminar com uma toalhita húmida, por mais que conseguisse diminuir o forte cheiro a sardinhas.

Seguimos Max Aub, Remedios Varo, Diego Rivera, Siqueiros, Trotsky… Pulsar que arranca corações pela boca. A arte é assim, como as revoluções. Lisboa parece agora estar mais perto da América. A cubana enreda-se na conversa: a guerra da Independência, a luta contra Machado ou Batista… O dever de agregação marcial. Há vidas que não cabem nas mãos. A fuga para o México, a avó francesa que foi a origem dos olhos claros. A descoberta em Palenque da campa de quem quiçá tenha sido K'inich Janaab Pakal. O relato move-se e soa o oceano, criando sempre possibilidades, dando cadências ao ritmo destas letras. Lutas contra metrópoles que também são a minha. A inteligência renuncia a simplificações. Espanhola, mexicana, cubana… Não é preciso torná-lo explícito. Entende-se sem precisar que medeiem as minhas palavras.

Madame Bovary? O malogrado repertório dos nós da emoção. No táxi imaginei-te a terminar o almoço e olhar para o mar. Em breve percorrerias as estâncias de outro museu. Máscaras. Lembro-me da máscara quando cai. É só um quadro. Talvez sentisses a minha ausência ou procurasses outra ouvinte. Mas era mais do que provável que não encontrasses o ritmo desta pulsação. Soa indistinguível no meu baixo-ventre, permanece intacta. O reconhecimento de um mundo compreendido, livros que se sublinham nos mesmos parágrafos, que se reclamam nas margens. Coordenadas compartilhadas de um universo vasto e inalcançável. O ritmo dos acentos sobre os glifos maias. A arqueologia que também provoca revoluções. A figura do pai que te faz tremer; a do meu que ainda me emociona. O *roast beef* sangrento. Sim, gosto dele sangrento, ainda que saiba que ao fim de uns dias o sangue seca. Viste? É melhor não olhar outra vez. Há grutas que não dão as boas noites. Quase pedem para continuar no corredor. Tiro um a um os objetos da minha mala, em busca da minha chave. Encontrei-a, por fim. Agora sim, é melhor ir dormir. Fecho a porta, e na escuridão regressa a fusão do verde e do violeta. Uma nebulosa que surge na explosão de um edifício. Há um menino que chora à noite. Imagino-te acender a luz numa casa em La Condesa. (A casa que depois treme com o sismo, que se move com toda a cidade). A nebulosa continua inextinguível no teu regresso, e na escuridão também sentes o pulsar do coração quando a criança deixa de chorar. Cabeças maias de um templo sagrado. O Templo Mayor. O Museu Nacional de Antropologia onde chove toda a água do oceano. Não havia desculpa para não voltar. É como ter de aprender novamente o essencial. A impossibilidade dos beijos. Tudo volta ao seu lugar em Tenochtitlán, enquanto Lisboa se vai esfumando, reduzindo-se a essa nebulosa verde e roxa. "Não, não, esse não é o fracasso da arquitetura moderna; é o fracasso de um projeto social que não adotou as medidas adequadas". Toltecas, olmecas… Os maias extinguiram-se porque souberam rebelar-se contra os seus sacerdotes. O fracasso foi não nos olharmos? A distância diagonal impede a concentração. Ritmo cardíaco que flui e que não pode adequar-se a esse estádio que se segue.

Teatro ou música. Não há coincidência. Sair de Flaubert deixa marcas nos sapatos. Estás visível, mas não quero saber mais. A representação ficou-se-nos no olhar. Falo com o meu grupo: alguma confusão, sintonia. Vejo-os sorrir. Noto o louco contágio das vossas entoações. Castelo de São Jorge e o entardecer que oferece toda a vista de Alfama. As torres árabes tecem relatos que, de igual maneira, fazem desvanecer a nossa vontade. Não quero forçar os encontros. Respiro e trato de afastar-me para entender o que se está a passar. Esperamos um jantar que destila música. Rodeio-me de relatos centro-americanos. O nauatle ficou no meu paladar, junto com as sardinhas. O aroma dessa noite é o que ainda conservo entre os meus dedos, o que persistia quando deixei a cidade. As pontes sobre o Douro não chegam até às ruínas maias. Escorre-me das mãos uma assepsia que começa a aborrecer-me. Desconhecia essa mulher. "Nous sommes tous des Madame Bovary" - pensei que diria o ator que encarnava Flaubert. Mas a obra acabou com estas palavras: "Elle va a mourir, et toi, et toi…". Apontava para nós. "Mais Madame Bovary vivra toujours". A mensagem chegava clara e forte, de tão longe e de tão perto. Thomas More tinha sido julgado. Fotografei compulsivamente. O teu olhar via-se de longe. Encontrava indefensibilidade naquela luminosidade. Assim conseguíamos entender porque Espanha rasgava a sua camisa. Não tinha museu da memória. Tantos anos de amnésia… O Teatro Colón portenho ressoava e não ouvi pássaros na cidade. A estética do Tóquio era bradburiana e olhámo-nos outra vez, dando conta de que havia uma estranha coincidência de linguagem. Quase preferi não interromper esse momento, sabia que o meu voo não ia decorrer em paz. A adolescência. Muito melhor sem gravata. Deparei-me com ela no primeiro dia, antepôs-se como um escudo à minha pergunta inocente. O elevador sobe e desce. Espera. A outra noite evaporou-se. "Tu não reparaste se dancei ou não – disseste-me -, não me vias". Não, eu só comia sardinhas e escutava as histórias de outras cidades. Demasiada vida montevideana ainda por dissecar. Desapegámo-nos. Ir ao museu era quase uma necessidade, procurava metáforas como uma esfaimada. Regressaram. Ninguém suspeitava que a utopia e a distopia nos falariam essa tarde. Há um parque dentro do museu. A ideia de que o futuro será assim espanta-me. Talvez o edifício *art déco* que deveria estar aqui fosse só uma alucinação. Pouco importa. Madame Bovary voltou. Antes fosse apenas um gesto inocente o que me põe a vida entre estas mãos que já não são jovens. Vi as folhas de Flaubert voar sobre a minha cabeça. Não me surpreende que as atrizes nos interpelem. Também as imagens da exposição eram de cidades reais. Vê-las, penduradas na parede, ajudou-nos a entender a irrealidade do real. Assim vivemos, mas o único que interessa a Bovary é o ritmo frenético dessa pulsação. Não há maneira de julgar. Não há dimensão. Rasga a guitarra, soa a fado. Não, não ouço o som agora. Há uma máscara que é difícil de sustentar. É mais fácil escrevê-lo.

Revolução. Fundimos a história. Os resíduos culturais também provocam resistências. Conhecemos as ruínas. Não é possível fazê-lo sobre cinzas. Ainda estão quentes as passagens sobre esse parque artificial.

Passei à sala escura das pulsações da cidade. Um cenário perfeito para começar a encenação. Tinha-me isolado. Não havia mais ninguém. Senti-o. Era bastante óbvio que ias chegar. Deixei-te como quem foge do inevitável, mas o museu marcou o itinerário. Não, não havia fracasso nessas construções, repito. Era essa enorme desigualdade o que escurecia os projetos. Então, porque tinham discutido os nossos avós se as distopias daquelas sociedades enchiam as paredes do museu? A provocação do que pende das paredes. Depois ensinaste-me a diferença entre os edifícios que dialogavam e os que lutavam entre si. Também a diferenciar outros, cujos espelhos ocultam o que são. A nossa acompanhante quer levar-nos a ver os planos de Brasília, mas enquanto observamos essa perfeição artificial, o referente volta a ser a Cidade do México. Ambos preferimos o caos. Uma paixão inextinguível. Não sei o que quis dizer com a mensagem. Não sei se se entendia. Não é possível saber por onde desfiar a ambiguidade quando a intencionalidade é confusa até para quem a expõe. Não acabaremos com esse pulsar num traçado. Explora o projeto moderno. Alguém decidiu demolir o edifício. Apenas resta a nebulosa verde e roxa. São lindos, os cabelos ruivos de Mariana. São como uma chama no meio de uma sala de teatro vazia. Talvez tenhas ido ouvir música. Já terias adormecido à tarde. Cultivas a projeção internacional da cidade sem ocultar as suas carências. Revoluções que não apagam toda a água desse oceano imenso. O tremor de terra fez emanar as letras. Relatos pungentes sobre a humanidade. O melhor e o pior sempre andaram de mãos dadas. Não sei como envolver as perguntas que te chegarão de longe. Sei que mas responderás, e sentirás de novo o desabar do edifício moderno. Ser feliz e infeliz ao mesmo tempo. Ainda não consegui extirpar o cheiro a sardinhas de entre os meus dedos. É o pulsar deste coração que salpica letras e, ainda que não me molhe, sinto saudades desta cicatriz: é como voltar a uma casa da qual nunca saí. Como as inundações do verão.

Emmanuelle Pagano
O LOTEAMENTO
Tradução do Francês para o Português
Lorna Telma Zita

No autocarro há alguns assentos bastante espaçosos, talvez para gordos, mães ou pais com seus filhos pequenos. Parecem assentos para uma pessoa e meia, com um tamanho equivalente a uma cama de casal pequena, só que de pé.

Eu não gosto de me sentar: como sou de baixa estatura, tamanho 12/14 anos de idade, tenho sempre receio que alguém decida sentar-se comigo.

Hoje um desses assentos é ocupado por duas velhinhas, todas vestidas de preto, as velhas amigas ao interagirem entre si compreendem-se rapidamente, mesmo sem terminarem as frases que saem apertadas. Nada as incomoda, estão voltadas uma para outra, numa conversa que parece ter começado há mais de cem anos.

Elas têm aproximadamente, a mesma idade do pai da minha amiga de infância.

Ele faleceu há poucos dias, para chegar até ao funeral do pai da minha amiga apanhei o autocarro que atravessa toda a periferia do Bourg, uma aldeia do interior que se tornou uma cidade dormitório.

Agora, aldeia faz parte da cidade, junta-se a ela, estendendo-se de loteamento em loteamento. Os loteamentos saíram da terra em momentos diferentes, primeiro separados por videiras e arbustos, hoje todos ligados entre si sem qualquer margem de terra virgem nem mesmo um terreno vago. Foi num desses primeiros loteamentos da aldeia que eu e minha amiga crescemos, ou melhor, que nossa amizade cresceu.

Nós não vivíamos no loteamento, mas passávamos por lá todos os dias antes que surgisse solo. Nós passávamos por uma espécie de vegetação arbustiva com uma trilha aberta por nossas passagens.

As nossas casas ficavam em cada um dos lados deste terreno baldio, cercado pela estrada principal, eram casas colectivas e comunitárias: decididas pela profissão dos nossos pais.

Eu morava na entrada do município, à beira da estrada no prédio da Polícia. Minha amiga morava num prédio para os professores e instrutores no centro da aldeia entre a escola pública e o colégio.

Nós fazíamos o trajecto das nossas duas casas, que eram na verdade dois apartamentos do rés-do chão nos dois pequenos edifícios, duas vezes por dia.

Nós nos visitávamos e depois nos acompanhávamos. Mas quando chegássemos na casa de uma, ainda não tínhamos terminado de falar e então uma acompanhava a outra novamente e assim sucessivamente.

Para encurtar este caminho, que multiplicávamos infinitamente, não seguíamos a estrada: cortávamos pelos arbustos onde tínhamos criado uma passagem forçada pelas nossas sucessivas conversas.

Assim que terminávamos de nos acompanhar, ficávamos no meio do mato onde as nossas discussões intermináveis escavaram um pequeno espaço dentro do mesmo e lá escrevíamos nossas palavras em bustrofédon.

A terra não cultivada tinha se tornado a nossa casa, a casa das nossas conversas. Ao cair da noite, ainda não tínhamos terminado de falar. Voltávamos para casa rapidamente e após a refeição, depois das 21:30 ou mesmo 22:30, no final de semana ligávamos uma para a outra. As chamadas locais eram baratas nesses horários. Mas, erámos acusadas de bloquear a linha. De facto, bloqueávamos a linha no sentido figurado e no sentido literal, pois, puxávamos o fio de telefone que entalávamos na porta do nosso quarto. Segundo os nossos pais, este fio preso ameaçava arrebentar-se. Mas, o que mais teríamos nós para nos dizer? Será que não conversávamos o suficiente depois da escola até o jantar? Não, nós nunca nos falávamos o suficiente. Quanto mais conversámos juntos mais coisas tínhamos para nos dizer.

Às vezes, nos dias em que não íamos a escola, visitávamos uma à outra, mas tínhamos de sair no final da tarde o mais tardar no dia seguinte, caso tivéssemos a permissão de nos convidar para dormir.

Na casa da minha amiga o pai, Alain, alongava o fio da amizade que tinha com seu vizinho e colega, Gerard, que morava no andar de cima. Eles se conheciam perfeitamente e passavam muito tempo um em casa do outro. Mas não se acompanhavam.

Alain era capaz de refazer num minuto agenda do seu amigo.

Num domingo, quando eu dormi em casa deles enquanto almoçávamos juntos, Alain olhou para o seu relógio e disse: "Gerard está a ler o jornal na casa de banho". A mãe da minha amiga levantou os olhos para o céu e ouvimos a descarga: "Não é que era verdade".

Ficamos com inveja dessa intimidade, nós teríamos gostado de viver uma por cima da outra. Uma vez que minha mãe era professora (a mãe dela também era professora assim como o pai), assim sendo também poderia ter vivido neste pequeno prédio.

Mas o trabalho do meu pai sobrepunha o da minha mãe, porque ele tinha plantões. Nós dizíamos que ele estava em serviço. Eu vivia na esquadra no outro extremo da aldeia.

Pouco importa, pois desbravamos a margem que separava nossas duas casas durante as conversas, havia apenas um caminho há alguns hectares com um pequeno espaço central que mal tínhamos desbravado.

No ano que fizemos dez anos, pouco antes de

entrarmos no secundário, as máquinas de construção começaram a estacionar e de seguida começaram a trabalhar a terra.

Escavavam, aterravam e achatavam mais profundo do que nós fazíamos.

As parcelas foram delimitadas com tubos nas bordas e canalizações a espera de serem conectadas.

Num final da tarde descobrimos além do nosso caminho uma pequena estrada muito fresca, ainda fechada com asfalto liso e escuro.

No dia seguinte pegamos nossos patins.

Uma outra estrada foi aberta, depois outra e mais outra, e ficou cheio de pequenas estradas e ruas circulares sem saída que se expandiam sobre o nosso terreno de jogo.

Apenas algumas máquinas de construção usavam-nas no princípio da manhã e ao anoitecer. De vez enquanto os trabalhadores nos deixavam patinar. Eles nos cumprimentavam com um sorriso. Eles abriam uma nova estrada enquanto usávamos a mais recente.

Todo mês de junho patinávamos depois da escola, as obras pareciam ter parado. Às vezes nos deparávamos com pessoas que visitavam os terrenos com mapas nas mãos.

Depois as máquinas barulhentas voltaram e algumas dezenas de casas surgiram na nossa terra. Nós assistimos todas as etapas da construção do loteamento que se espalhou durante o nosso sexto ano. Quando algumas casas terminavam, outras começavam a surgir.

Quando estávamos 'cortadas' uma da outra (nós nunca dizíamos que estávamos de 'relações cortadas', era sempre apenas 'cortadas' e perguntar: "Ainda estás cortada comigo?" era um prelúdio da reconciliação) não íamos mais patinar no local do loteamento.

Se estivéssemos 'cortadas' por um longo período (digamos por uma semana), olhávamos para o avanço das novas casas em volta da nossa amizade. Este avanço permitia-nos medir o período da zanga e da nossa separação.

Até que já não era mais possível andar de patins: as ruas do loteamento foram abertas para os carros.

Camiões de mudanças começaram a chegar.

Nós tivemos de enfrentar a realidade, pessoas já estavam a viver nas casas e tivemos de encontrar outra casa para nossas conversas.

Minha amiga e eu deixamos os prédios atribuídos de acordo com a profissão dos nossos pais há décadas, primeiro para os nossos estudos e depois para viver nossas próprias vidas.

Mais tarde, quando nossos pais se reformaram, também saíram. Eles mudaram-se para um dos loteamento que cerca a aldeia e estende-se até a cidade, os loteamentos que não vimos a serem construídos e que nos surpreendiam quando voltávamos para visitar os nossos pais nas férias, furtando um a um os arbustos e as videiras até formar um único e enorme loteamento de aldeia em aldeia, de cidade em cidade ocupando quase todo o sul da França.

De repente as velhinhas do autocarro, se levantam em movimento eufórico para descer sem parar de falar.

A próxima paragem é o cemitério.

Carolina Schutti
A CHEGADA
Tradução do Alemão para Português
Sandra Tamele

Um tremor. Ou um matraquear. Algo a raspar a parede.

Nadjescha levanta o tronco e senta-se na cama, escuta os batimentos do seu coração, o som da sua respiração. Ajoelhando-se no colchão ela estica-se até aos pés da cama e abre as persianas da janelinha. A lua cheia está por cima dos telhados, uma brisa fresca sopra no seu rosto. Ela esfrega a nuca, as bochechas, tudo está calmo, as casas estão ancoradas às suas fundações, as janelas às escuras, as varandas e terraços vazios. Ela escuta o apartamento, também aqui está calmo, ela deve ter sonhado, no entanto não consegue recordar-se das imagens do sonho, talvez o sonho tenha vindo apenas de um feeling, a sensação de deslizar para baixo, de cair, como daquela outra vez, quando o seu corpo, ainda assolado pelos sonhos, rolou por cima das bordas da cama e bateu com força no chão.

Não, não podia ter sido nada, tudo está calmo; o olhar dela vagueia pelo minúsculo quarto. Apesar da escuridão parda, apesar dos livros que ela dispôs em pilhas altas nas estantes, ela consegue ver o troféu no canto, e descortinar a foto empurrada mesmo por trás, com a moldura coberta de poeira; o miúdo no equipamento de futebol com cabelo suado e olhos avermelhados pelo flash. Ela não consegue ver, mas sabe da figurinha de brinquedo detrás da foto, a cauda de plástico móvel, as munições, as espinhas ou cornos ou glândulas venenosas ou cabeças de setas. Talvez seja por isso que ela acordou; porque sentiu como se estivesse a dormir num quarto estranho, mesmo apesar de tê-lo limpado cuidadosamente; removido poeira e pelos das gavetas, coberto o colchão com uma coberta grossa, arrumado os livros dela e guardado as roupas dela nas prateleiras vazias no guarda-fatos, arejado o quarto e pendurado as toalhas nos ganchos detrás da porta.

Ainda cheira a OMO do Daniele, ela consegue notar claramente o cheiro, ela não está ali a tempo suficiente para se habituar. As calças e camisas dele na metade direita do guarda-fatos, as camisolas de inverno no compartimento de cima, na parte de cima. *O espaço chegava para ela?* Perguntou Daniele. Metade do armário para roupa, três gavetas e dois cestos grandes? Espaço para uma mala debaixo do guarda-fatos?

O que ela poderia ter dito, que era estranho ter as coisas dela ao lado das dele? No quarto dele não há espaço suficiente sequer para uma cómoda. Ele olhou para ela como se fosse normal – ele deu um passo para um lado – como se fosse completamente normal não só partilhar a cozinha e a casa de banho, mas também um guarda-fatos, por isso ela não disse nada, acenou apenas e também não mencionou as coisas nas prateleiras.

E quando ele vier ao quarto dela buscar as suas calças ou uma camisa?

Será que ele deixa a porta aberta ou fecha nas suas costas?

Será que ele controla as persianas para certificar que estão fechadas para que a cama dela, mesmo debaixo da janela não fique ensopada se chover?

No dia em que ela chegou, ela tinha posto o bilhete com a morada – humedecido pela sua palma suada – na carteira a tiracolo enquanto tocava a campainha; o botão de cima numa elegante placa de latão que contrastava visivelmente com a fachada por rebocar, o átrio estreito e escuro, os sacos de lixo azuis no canto e o pavimento coberto de fezes de pombo. Mas o brilho polido e a lista de nomes elegantes em cursivo preto deram-lhe esperança de que talvez fosse, no fim, um quarto onde ela pudesse ficar, uma cidade onde ela pudesse descontrair por uns tempos. As escadas estreitavam ainda mais a cada lanço até se transformarem num conjunto de curtos degraus de pedra que levavam a uma porta com grades firmes: ela bateu, esperou um bocado, escutou o aproximar de passos, foi convidada a entrar. A sua primeira impressão foi uma voz agradável, um homem alto, uma fragrância floral dentro do apartamento. Uma divisão pequena, decente, uma kitchenette, uma sala de estar, uma casa de banho. O homem não lhe deu tempo para olhar, ele falava incessantemente, como se estivesse excitado, como se houvesse algo mais na situação, mas era afável, ele sorriu, tocou de leve no braço dela, e levou-a pela sala minúscula até á porta do pátio.

Um colchão bloqueava o vão da porta; ela teve de subir e pôr-se na ponta dos pés para ir para fora.

Anda. Vieni.

Às riscas azul escuras e cinzentas. Os dedos dos seus pés descalços afundaram-se nele; ela apoiou-se no aro da porta e, apesar do ar fresco lá fora, o colchão deitava o cheiro do calor de outra pessoa e da noite de outra pessoa. As mãos dela tinham uma sensação pegajosa depois da longa viagem, felizmente ele não a cumprimentou com um aperto de mão, em vez disso poisou as mãos dele nos ombros dela e beijou o ar ao lado das suas bochechas. A barba de um estranho contra as suas bochechas.

Porquê Nadjescha?, perguntou-lhe ele.

Porque Nadjescha significa esperança, speranza, respondeu ela.

Primeiro o terraço! Anda, vieni! Ele disse-lhe que o terraço era a melhor parte de todo o apartamento e que tinha a vista mais magnífica de toda Florença.

Ele não tinha exagerado. Nadjescha olhou por cima dos telhados vermelhos, viu a enorme cúpula da catedral, a cordilheira de montes no limite da cidade a desaparecer na névoa. A casa á frente na rua brilhava branca á luz do sol; ela conseguia ver para dentro dos quartos pelas janelas grandes, conseguia descortinar móveis pesados, estantes de livros, um piano. Uma criança sentada a brincar com molas da roupa numa varandinha. O calor de fim de verão demorava-se por cima das casas; um zunido abafado elevava-se das ruas e vielas circundantes.

Daniele fez um movimento na direcção da cidade com o ondear do seu braço: *Firenze*. Nadjescha sorriu. Tal como prometeste, disse ela, uma vista perfeita invejável. Detrás das suas costas ela escutou uma risadinha, ela voltou-se, e foi só aí que ela notou o homem sentado na tijoleira de pedra entre dois vasos de flores. O rosto dele estava meio obscurecido pelas plantas. Louro, oleandro, algumas ervas verdes berrantes que ela não reconhecia.

Este é Luca.

Luca acenou para ela como uma criança, com a mão plana, a palma virada para fora, ele abriu-se num sorriso largo. Um fio de fumo branco erguia-se dentre as suas mãos.

Guarda! Disse Daniele. Desta vez o movimento do

seu braço indicou o terraço.

Muito mais grande do que os quartos.

Ela iria aprender italiano assim que possível.

Daniele guiou-a para dobrar a esquina, mostrando-
-lhe o estendal e cadeira dobrável escondidos detrás do
parapeito de um muro.

Podes usar.

No estendal estavam penduradas toalhas de mãos
e roupa interior.

Ele mostrou-lhe o cesto e as molas da roupa, quase
escorregou quando se voltou para ela. A tijoleira detrás
do muro estava revestida por um brilho gordurento es-
verdeado.

Nadjescha agradeceu-lhe, caminhou de volta para
a frente do terraço e ficou de pé no parapeito. Daniele
sentou-se no chão ao lado de Luca, os dois de pernas
cruzadas, agora o fumo subia dentre as mãos de Daniele.

Luca beijou Daniele, ela desviou o olhar, deixan-
do-o vaguear mais uma vez sobre a cidade. Bela como
um postal. Ela tentou perceber onde ficava a estação
de comboios, a universidade, a estrada para a praia. Daniele e Luca falavam como se ela não estivesse ali, ou
como se ela se encaixasse ali naturalmente, depois de
vinte minutos.

Será que ela devia dizer alguma coisa antes de voltar para dentro? Obrigado? Até logo? Vou desfazer as malas, disse-lhes Nadjescha, mas maningue baixinho; nenhum deles a ouviu.

A porta do pátio tinha sido deixada escancarada, ela saltou por cima do colchão de Daniele na ponta dos pés. As cobertas deitadas no chão numa bola. O quarto era minúsculo, pouco maior do que uma recepção, em vez de guarda-fatos havia apenas uma mala grande aberta com pilhas de camisetes e jeans dentro, com uma caixa fechada mesmo ao lado. Para roupa interior e meias talvez? Duas pilhas de livros no chão, uma luz para leitura. Ela fechou a porta nas suas costas, ela apercebeu-se que tinha estado a reter a respiração; ela expirou rapidamente, a seguir inspirou, conseguia sentir o seu coração bater como se tivesse feito algo proibido. Expira. A sala estava banhada pelo crepúsculo; ela absorveu o sofá laranja, a mesa de vidro, revistas de design de interiores, uma tijela de vidro cheia de laranjas e maçãs, a televisão. Uma tábua de passar dobrada no canto ao lado da janela, uma hi-fi: Era-lhe permitido assistir TV e escutar música – sempre que ela quisesse; ela podia usar o sofá laranja; comer na mesa de vidro, engomar. O apartamento estava vazio durante o dia, Luca só vinha ao fim de semana. Um artista tinha vivido no quarto dela nos últimos seis meses. Um homem calado que não falava italiano e mal falava inglês, que costumava caminhar pela cidade com um bloco de esboços durante o dia e depois de noite no apartamento todo dobrado sobre recortes de papel.

Nadjescha atravessou a divisão e parou um momento á frente da porta do quarto dela, notando que o puxador de latão estava um pouco pendurado como se estivesse solto. Porque Luca não vinha morar ali?, perguntou-se ela enquanto aferrava o puxador.

Algo fê-la hesitar, como ela estivesse subitamente com medo de abrir a porta.

O quarto dela, o seu próprio lugar. Talvez haja um arganaz debaixo da cumeeira, talvez um estore batido com força algures no prédio, ou uma porta.

Nadjescha patanha pela sala descalça até chegar á cozinha. Um nicho sem janelas, uma geleira, um lavatório, um fogão velho, uma prateleira estreita que eles usam de bancada. A água mineral dela ao lado da de Daniele na geleira meio vazia, algo chocalha dentro quando ela volta a fechá-la. Ela bebe a água gelada em grandes golos, sente o frio gélido espalhar-se na sua barriga. Ela sente uma corrente de ar a vir de cima, parece estar a vir da chaminé de pedra. Ela inclina-se por cima das bocas, vira a cabeça, descobre um buraco lá em cima na parede, dá para ver o céu, descortina duas estrelas. Uma delas pisca, a outra não; a outra deve ser Vénus. Ou

Júpiter? Qual deles se vê nesta época do ano? Em qualquer caso, os brilhos do planeta conseguem atravessar o sino de luz nebulosa e amarelada que paira sobre a cidade, como em Berlim, pensa ela, como em Londres, como em todos os sítios que ela esteve até aqui.

Lorenzo Amurri
APNEIA
Tradução do Italiano para Português
Sandra Tamele

2. O voo da esperança

A ambulância esgalha em direcção ao aeroporto de Ciampino, escoltada por um carro da polícia. Um jet da Rega, uma empresa de socorro privada, aguarda a minha chegada para transportar-me para Zurique, mais precisamente para a clínica Balgrist, especializada na recuperação de lesões medulares. Sou devidamente empacotado sobre a maca. O doutor que me acompanha está sentado no canto á janelinha, ocupado na leitura de um jornal. Não me digna um olhar durante todo o trajecto, parece quase enfastiado pelo aborrecido dever a si atribuído. E porque teria de cuidar de mim? Aos seus olhos sou equivalente a uma encomenda postal que tem de carregar até ao destino. Certo, não deve ser grande coisa como doutor se lhe confiam tarefas de carteiro, sem ofensa para os carteiros. O único que de vez em quando me pergunta se está tudo bem é o enfermeiro. O motorista não faz mais senão refilar com o carro da polícia por estar a esgalhar maningue:

"Como esgalham estes imbecis, mais um pouco e seremos nós a precisar de ambulância".

Chegamos ao destino. Permaneço alguns minutos na pista de descolagem enquanto preparam o pequeno guincho para transferir-me a bordo. O céu está dum azul que nunca vi e o ar fresco e limpo como nunca respirei antes. Depois de um mês e meio de cuidados intensivos no subterrâneo, é como se experimentasse tudo pela primeira vez. Depois de um mês e meio preso a um respirador; depois de várias broncoscopias; depois de uma pancreatite; depois de ressonâncias magnéticas, tac e radiografias de todo o tipo; depois de ter ingerido um barril de tranquilizantes; depois de me terem sido enfiadas agulhas de todos tamanhos; depois de uma paragem cardíaca; depois de ter sentido o cheiro da morte á minha volta, eis-me aqui. Á espera de voar para os braços dos magos transalpinos, que com os seus conhecimentos, devolverão vida ás minhas mãos. Porque me tinham dito: não mexerás mais as pernas, mas podes recuperar as mãos.

As mãos, só as mãos conta.

Tenho vagas recordações do período passado nos cuidados intensivos do hospital de Terni. Se tanto imagens e sensações. Momentos agradáveis: o contacto físico com o meu irmão e minha mãe que, em duas ocasiões, tinham tido autorização de acesso dentro da divisão; as palavras trocadas pelo interfone com amigos e namorada; a disponibilidade e a gentileza de alguns enfermeiros, que me falavam tentando dar-me força. E momentos duros e dolorosos: quando me içavam sobre

os andaimes metálicos munidos de cadeias para limpar-
-me e trocar os lençóis da cama; quando suplicava ao
doutor do turno para receber doses massivas de tranquilizantes; o dia em que me tinham posto virado de
um lado e tinha visto a fila de pacientes morrentes que
me circundava e quando percebi – pelos sons e movi-
mentos agitados do pessoal – que tinha morrido um.
Recordo que não compreendia porque me diziam que
tinha perdido a sensibilidade em grande parte do meu
corpo: tocava-me na barriga para senti-la, ainda não me
dava conta que era a mão a tentar a sensação táctil e não
vice-versa. E um cheiro particular que ainda não tinha
sentido: o cheiro químico dos produtos das limpezas
misturado àquele que emanavam os corpos imóveis dos
meus companheiros de desventura. Um cheiro a me-
dicamentos que os poros de alguém transformavam e
personalizavam; um concentrado de pensamentos, me-
dos, esperanças e sonhos que se amalgamavam como
os ingredientes numa receita, e permaneciam suspensos
no ar fechado da divisão, suspensos entre a vida e a
morte. Recordo também que uma das primeiras conversas que tive com o meu irmão sobre sexo. Tranquili-
zava-me sobre o facto de que, não obstante a paralisia,
estarei perfeitamente em condições de fazê-lo:

"Os tetraplégicos podem ter encontros".

Permaneci alguns minutos em silêncio, não

conseguia compreender a frase:

"Em que sentido?"

"Nos tetraplégicos tudo entre as pernas funciona, nos paraplégicos em grande parte dos casos não."

"E eu sou paraplégico ou tetraplégico?"

"Tetraplégico Lo, tu és tetraplégico".

Tinha-o dito com uma certa satisfação. Aquela palavra metia-me medo, descrevia-me e punha-me num lugar que não sairia nunca, como um ladrão na prisão, mas eu não roubei nada, pelo contrário tinha sido derrubado. Depois percebi também a frase inicial, tinha sido numa revista científica dos estados unidos: *"Quadriplegics can have dates"*. A palavra *date* na América também significa encontro galante. Não tinha perdido tempo o mano mais velho. A internet ainda não era a fonte maravilhosa de notícias para se beber como agora, e ele, através dos seus inúmeros conhecimentos, fez com que lhe chegasse às mãos todo o saber humano impresso sobre lesões da medula espinhal. O mais engraçado é que entre a multitude de artigos médico-científicos que devia ter-se devorado durante dias, o que me tinha trazido com extrema excitação era sobre sexo. Já não podes tocar, terá pensado, mas o caralho ainda te funciona. A mim não interessava muito, pelo contrário, tinha-me aborrecido. Antes que as doses massivas de tranquilizantes que me injectavam liquefizessem as palavras, perguntei-me que importância poderia ter o sexo perante o delírio em que me encontrava. Era uma frase ditada pelo desespero, não sabia o que dizer para me dar coragem e parecia-lhe uma grande notícia, uma luz a seguir no breu da escuridão que me circundava. De facto, era uma óptima notícia, mas ainda levaria tanto tempo para compreender-lhe a importância.

É fevereiro, mas sinto calor, um calor insuportável. Içam-me a bordo e me posicionam no devido lóculo com janelinha, dotado de tudo que pode ser-me útil: do oxigénio ao desfibrilador. Dentro do avião também está calor: Johanna dirige o pequeno jacto de ar para o meu rosto. Não eram permitidas visitas dentro dos cuidados intensivos, podia ver as pessoas pelos vidros que formavam o perímetro e, para comunicar, punham-me o intercomunicador no halo perto da orelha. Agora possa tocá-la, posso sentir-lhe as mãos, mas não me vem com naturalidade. É ainda pouco importante relativamente ao que acontece, ou ainda não sei como se faz. O avião decola. Oiço-a falar com o doutor responsável e com a hospedeira-enfermeira. Não oiço o que dizem nem me interessa.

Não gosto de voar. Se as mãos funcionassem, poderia distrair-me a tocar. Durante um voo de regresso da América, há alguns anos, dois hospedeiros muito simpáticos tinham-me pedido para lhes mostrar como tocava. Na altura, ainda deixavam levar guitarras para a cabine. Ao meu medo de poder estar a incomodar aos outros passageiros responderam divertidos:

"Toca tranquilo, preocupamo-nos nós com os passageiros".

Bastaram uma dezena de minutos de *blues* para satisfazê-los e eu ganhar uma viagem com tratamento de primeira classe.

Olho para fora pela janelinha: o azul do céu está ainda mais intenso. E se o avião despenhasse? Seria o cúmulo da tristeza. Já vejo os títulos dos jornais:

"Depois de um acidente grave despenha-se o voo que o transportava para uma clínica especializada".

Talvez seria mais triste para os meus companheiros de viagem, eu estou um bocadinho á frente. Com este pensamento a bailar-me na cabeça fecho os olhos. Quando os reabro já aterramos e estão a carregar-me para a ambulância.

Continuo a sentir calor, falta-me o ar.

Entretanto o doutor e Johanna continuam a conversar.

Ele praticamente está a contar-lhe a sua vida, os seus projectos para o futuro: adora o seu trabalho e gostaria de pertencer á associação Médicos Sem Fronteiras, para viajar pelo mundo e ajudar ao próximo. Está a tentar despudoradamente o doutorzinho, se calhar daqui a pouco pede-lhe para ir com ele. Chamo a atenção fazendo um barulho seco com a boca, como se faz quando se monta um cavalo ou quando se chama um gato. Usei este método durante a permanência nos cuidados intensivos, é a única forma de me fazer ouvir desde que trago a traqueotomia:

"Abre uma janelinha, não se respira aqui dentro".

Johanna estende o pedido ao doutorzinho que se põe a rir:

"Olha que faz frio lá fora, estamos em fevereiro".

"Porque não ficas na tua e abres o raio da janelinha em fez de fazeres-te á minha namorada? E tu para de flirtar com o imbecil e abre tu a janelinha!"

De facto, considerando a situação e como a nossa relação andava nos últimos meses, desfrutar da ocasião não seria má ideia. Em fuga com o doutorzinho no jet privado, tiraria de cima um quintal de problemas com uma assentada só. Se calhar está a pensar nisso.

A minha voz perde-se dentro da cânula e o labial é impossível de decifrar. Johanna acaba se dando conta da minha alteração e faz abrir um pouquinho a janelinha, o resultado é o mesmo: faz sempre calor.

Chegamos á clínica. O passeio da ambulância para dentro da estrutura é maningue bonito; faz maningue frio, mas eu precisava disso, pena que dura pouco tempo. O doutorzinho efectua a passagem de entregas: uma hora e meia de voo e vinte minutos de ambulância pela módica quantia de dez mil dólares, tudo acompanhado pela presença de uma loiraça sueca. Desta vez deste-te muito bem. Encontro minha irmã Valentina que me precedeu para tratar a burocracia do caso. É ela a figura pragmática da família. Boa a organizar as situações, a encontrar soluções para resolver problemas. Tem sempre uma velocidade a mais. Às vezes excedia--se ao tentar programar-me a vida, mas era porque se preocupava com o meu futuro. Sendo muito mais velha do que eu, era mais uma mãe do que uma irmã. Desde o desaparecimento do nosso pai ela passou a ser o meu principal ponto de referência.

A clínica parece ser muito grande, pelo que consigo ver deitado, os tectos são altos e muitas paredes são vidradas. Às mais amplas estão presos grandes adesivos de pássaros pretos estilizados, vão-me explicar de seguida que servem para evitar que os passarinhos residentes no parque circunstante se esborrachem contra elas. Os cuidados intensivos aqui são muito diferentes dos italianos: as visitas dentro são permitidas sem limitações horárias e vidrais há um grande que bordeja o parque.

Sou circundado de enfermeiros e doutores que traficam sobre o meu corpo insensível, a única coisa que sinto é a cânula da agulha que me enfiam braço. Estão todos atarefados menos uma, negra e muito alta comparando com os outros, que me olha e sorri, um sorriso reconfortante. Maningue rostos desconhecidos observam-me. Como se tivessem ouvido os meus pensamentos, quase simultaneamente me largam. No lugar deles aparecem, como por magia, Johanna e Valentina. Acariciam-me o rosto e os braços. De repente dou-me conta de como tinha saudades de contacto físico; da importância de sentir o cheiro e o calor das pessoas que gostas, em quem confias. Dá-me vontade de chorar:

"Será que fiz algo de errado para merecer tudo isto?"

"Mas o que te deu nessa cabeça, não" responde minha irmã.

E então o que faço aqui? Não quero estar aqui, levem-me embora.

Jean Back
NUVENS EUROPEIAS
Tradução do Luxemburguês para Português
Sandra Schmit e Roger Margelef

as azeitonas, beep, o brandy, beep, o sumo, beep, um pacote de embalagens de iogurte, 0% de gordura, beep, beep, os caixas foram sendo abolidos, apenas um supervisor sobreviveu, à espera de que eu não consiga superar todos aqueles beeps. Consigo, há um último beep, a vara cromada abre-se, puxo o carrinho cheio para o estacionamento. Um homem idoso está parado em cima de caca de pombo. A tocar o acordeão. Fecho a bagageira. A chave está lá dentro! Ao lado das compras. Até as folhas da árvore caduca parece que estão a rir. Estou parado como um idiota ao lado do meu carro trancado e tenho que esperar. Pelo nosso mais novo que me traga a chave de reserva. Isto vai levar muito tempo. Podia andar para casa. Voltar. Nem iria precisar mais de cinco minutos, porra. Continuo a ligar pelo telefone. Ele ainda está a dormir. Ou o seu celular está desligado. Isso não pode ser! Mas tenho tempo. Numa leve preguiça fico parado ao lado do poste de iluminação, a ver e esperar e escutar ao homem que toca o acordeão, porque gosto de música de acordeão, porque esse tipo de música me recorda René de Bernardi, no clube de dança outrora Beim Heuertz: festas de dança, thé dansant, smootch slow e Valsa Inglesa. E também me recorda Astor Piazzolla. Agora o homem toca kitsch, amor e dor de coração: uma canção de Freddy Quinn, Capri, Lili Marlene, depois daquele Ondas do Danúbio.

Na sombra da parede de blocos de Match, uma mulher está sentada no chão, a estender a sua mão aberta.

"É uma romena, olha só."

"Romenos sujos. Cheios de piolhos e moscas. A roubar os nossos carros. Malditos bastardos."

"Estão na União Europeia."

"A União Europeia está na bancarrota. Deviam ficar na terra deles. Ciganos, todos eles."

Uma conversa nas minhas costas.

"Recentemente, houve um filme ao ar livre naquele centro cultural. De noite. A música estava tão alta, estou a te dizer, que liguei ao director daquela palhaçada. Já não podia nem ouvir a televisão, de tão alto que está o vosso cinema ao ar livre, disse-lhe eu. E se eles estavam a pôr aqueles filmes de novo para os portugueses? E aí ele me disse, o director, que desta vez era um filme italiano. Burro, disse eu, e desliguei."

"O quê?"

"O que está certo, certo está."

A moça do ar livre tem uns cinquenta anos. Óculos vermelhos, guarda-chuva verde. A sua amiga é de estatura alta. Sessenta e poucos anos. Sapatos rasos. Cachecol lilás. A mulher que pedia no chão agora está a brincar com os filhos. Lanço dois euros no gorro do homem. As faixas do acordeão se contraem e se esticam. Marina, Marina, Marina. Um par de nuvens estão a flutuar pelo alto no azul. De que nacionalidade são as nuvens? Serão francesas quando andam por cima do Eliseu? Espanholas, quando ficam penduradas sobre Sevilha? Como será uma nuvem suíça? Uma belga? Serão as nuvens portuguesas quando passam por Dudelange? Luxemburguesas, quando chegam ao Porto? A moça do ar livre mostrou ser uma racista de raça pura. Inadvertidamente. Ela provavelmente pensou que eu não entendia luxemburguês, por vestir um chapéu do F91[1] na cabeça. Com a pala e o logo para trás. As árvores estão paradas em silêncio na praça. O vento está calmo. O nosso mais novo está ainda meio adormecido quando finalmente atende ao telefone.

A mendiga está a sair do seu lugar. Os filhos correm atrás dela. A girar rodas dentadas. A arrancarem as camisolas um do outro, rindo, brincando quanto passam ao meu lado. O acordeonista está a tocar Quando o vento suspira por cima das planícies. A chave de reserva está a voar para fora da janela do carro da minha esposa: "Até logo, papá."

---

[1] Equipa de futebol de Dudelange. A primeira equipa é normalmente composta por jogadores internacionais.

Em duas semanas, teremos eleições. Eleições locais práticas, quadradas, democráticas. A moça do ar livre e a sua amiga desapareceram para dentro do edifício de blocos cinzentos.

Também no menu do churrasco de hoje: três garrafas de Chianti, duas embalagens de azeitonas portuguesas, um brandy romeno e às cinco há jogo do Barça contra o Red Bull Salzburg. Olé!

Iona Pârvulescu
A VOZ
Tradução do Romeno para Português
Mihnea Gafiţa e Sandra Tamele

Dedicado a Monica L.

Regresso

O voo de Paris aterrou há alguns minutos e os primeiros passageiros já estão a vir em direcção aos balcões da migração. Uma espécie de gorgorejo, como o de uma nascente, invadiu de repente o hall anteriormente silencioso. Desde a abertura das fronteiras, depois da Revolução de Dezembro de 1989 em que eu própria participei, todo avião da Europa ocidental vem lotado e nós mal conseguimos dar conta – na migração só somos dois a trabalhar em cada turno. Escondo-me debaixo da minha franja e enterro-me nos documentos – mal levanto os olhos para verificar os rostos que, para mim, não passam de acessórios para um nome e uma fotografia. Eu tento ser rápida, justa e civilizada. Conto com trinta e dois anos de vida, mas nem sequer três meses de liberdade.

Uma mão bonita, com um ligeiro tremor estende um passaporte Francês. Pertence a uma senhora cuja cabeça chega só á abertura no balcão. Aí acontecem duas coisas: vejo o ano de nascimento da mulher no passaporte –tem sessenta e sete anos – e oiço uma voz que me eletrocuta, porque a reconheço: "Boa noite, menina!"

Os meus ombros endireitam-se abruptamente. Quase me engasgo. Quase grito. Não pode ser. Faço o meu melhor para olhar para esta mulher que nunca vi em toda a minha vida. Ela devolve-me o olhar detrás dos óculos de aros redondos. Tem olhos pretos, bondosos e inteligentes. Sei que é estritamente proibido, mas mesmo assim salto da minha cadeira, saio a correr do balcão e abraço-a com toda a minha força.

"Céus – diz ela com firmeza, com a sua voz um tanto rouca, que conheço tão bem -, ser recebida assim fez tudo valer a pena".

Eu desatei a chorar.

Partida

Nas estações de comboios na fronteira Austríaca, no posto de controlo entre a zona controlada pelos Soviéticos e a zona controlada pelos Americanos. O soldado chupa pensativo os seus molares. Ele fixa a jovem que lhe estende o seu passaporte. Diz aqui que ela tem vinte e três anos. Uma amostra de mulher que mal chega ao seu peito. Ela veste um colarinho branco, de boa menina, virado sobre a sua camisola de manga curta da cor de cereja. Muito bronzeada, da cor das Crioulas, olhos pretos como contas de rosário, sobrancelhas talvez demasiado farfalhudas e lábios grossos, do tipo que parecem estar sempre a prometer beijo, não obstante o semblante rígido do rosto. Ela quer ir para Paris. Na luz suave da tarde, o guarda fronteiriço estuda demoradamente os carimbos, rodando o passaporte em todas as direcções. Tem muitos e todos parecem estar conformes. E é disso que ele não gosta: não é coisa que se obtenha de qualquer maneira – não em 1947. Se alguém o chamar a prestar contas, ele pode sempre dizer que pensou que ela fosse uma espiã. A capa azul-marinho tem uma insígnia real impressa. O guarda fronteiriço detesta reinos, o mundo livre e, baixinhas de colarinho branco. Ele interessa-se por histórias de estupros, apesar de ele próprio nunca ter pecado. Ele irrita-se repentinamente e diz rispidamente, em Russo, que ela tem um visto a menos, o que a rapariga aparenta não conseguir compreender, porque abana o seu cabelo preto encaracolado e encolhe os ombros. O soldado acena-lhe para tirar a sua bagagem. Ela vai regressar á pátria, que é actualmente vigiada pelo seu exército. Ele vira as costas e abandona-a ao seu destino. O comboio já partiu e cospe fumo cada vez mais espasmodicamente, como um corredor exausto.

Monique, como lhe chamam as amigas, afrancesando-lhe o nome, não tem tempo para se assustar, apesar de a vida até agora só a ter mimado. Ela tem de chegar a Paris a todo custo, porque gastou todo o dinheiro da mãe no bilhete de comboio – a inflação está alta e custou-lhe milhões. Como todos ao seu redor (maioritariamente escritores, porque o pai, Deus o tenha em descanso, era um crítico respeitado, com opiniões liberais, e manteve um círculo literário por mais de vinte anos), Monique sabe que este é mesmo o "último comboio" para a liberdade, que o país está prestes a ser inteiramente Bolchevizado. Ela é suficientemente jovem para acreditar que as coisas irão mudar em breve para melhor e que ela conseguirá regressar para a mãe, que ficou para trás sob fiança. Ela não fazia ideia que nunca mais voltaria a ver a mãe.

Ela tenta agir pragmaticamente. Com uma mala onde guarda uns poucos vestidos, um frango frito e dez maços de cigarros, ela dirige-se a um despachante bigodudo e estende-lhe a mão de forma camaradesca. É um pobre miserável. Ele aponta um dedo nodoso para a própria barriga e diz: "Dima". Ela sabe, através dos livros do pai, que os Russos podem ser comprados. Ela abre a mala, tira e entrega-lhe um vestido ás pintas e um maço de cigarros, depois diz: "Viena!" e aponta na direcção para onde esgalha o comboio. Dima aponta o seu dedo nodoso para o frango frito. Ela faz cara amuada, ele diz *Bolshoy spasibo*! – "Muito obrigado" -, e um sorriso parece florescer debaixo do bigode grisalho. Eles fumam cada um um cigarro dos que ela trazia, a seguir o velho promete, maioritariamente através de sinais, contrabandeá-la pela fronteira.

Ele faz uma chamada para a estação antes e pede que o próximo comboio pare no seu apeadeiro apenas quarenta e cinco segundos. É um comboio de carga carregado de carvão. Com o seu cigarro ainda por acabar, de tão rápidas que são as coisas, ele ajuda a moça de colarinho branco a subir e cobre-a com algumas pazadas de carvão. Monique não sabe, no entanto, que o comboio está fadado a parar um bocadinho mais adiante, para outro controlo dos Russos. Os soldados vão de um vagão para o outro e espetam as suas baionetas onde querem. Ela escuta o som do áspero arranhar a aproximar-se dela. Mas o aço falha e o som distancia-se. Entretanto, as primeiras sombras do entardecer caem sobre o carvão preto.

No posto de controlo Americano, ela percebe pela primeira vez que os filmes de Hollywood que assistia com as amigas no cinema da avenida eram uma grande aldrabice. Ela espera que os Americanos admirem a sua prova de ousadia, beijem as suas duas bochechas sujas de carvão e a mandem para Paris cheios de pena. Mas eles enviam-na de volta para os Russos, sem nenhuma pena e sem sequer um sorriso. No entanto, admitem que o passaporte dela está em perfeita ordem. "Então porquê?", pergunta ela. "Que parte de *ilegal* a menina não percebeu?", ralha com ela um deles. Eles também a ajudam a descer pelos carris com umas luzes de holofote, para se certificarem que ela não sai da linha. A luz colada às suas costas é para ela mais assustadora do que as espingardas que lhe apontavam. Monique simplesmente esquecera-se: em 1947, os Americanos sentem-se como aliados dos Soviéticos.

E mesmo assim, os Soviéticos não são bem aliados dos Americanos, portanto presumivelmente apenas para agravar os "imperialistas", Monique que pode pelo contrário acabar num campo de concentração, é quase carinhosamente devolvida ao apeadeiro de Dima. O velho recebe-a de volta como se fosse uma hóspede estimada. Ele deixa-a lavar-se e trocar o vestido por outro limpo que trazia na mala. O seu antigo frango assado não passa agora de um monte de ossos, mas ele a regala com uma maçã. Ele levanta dois dedos para os lábios e inspira de olhos fechados. Ela dá-lhe um maço de cigarros. Ele telefona para o apeadeiro antes e pede que o próximo comboio – desta vez de passageiros, que já tinha sido verificado pelos guardas fronteiriços – pare por apenas vinte segundos. Monique mal tinha conseguido chegar á carruagem mais próxima, empurrada de baixo por Dima, antes de o comboio lançar nuvens de fumo e partir rumo a Viena.

Ela encontra um assento vago num compartimento onde dois jovens estão a estudar uma partitura de

Mozart e a cantarolar bocadinhos de Don Juan, desculpando-se sempre que o fazem. Sentada ali ao lado deles, tudo o que ela passou na última hora parece irreal. Ela finalmente cai na real quando o homem, enquanto lhe lança um olhar suspeito, diz-lhe com falsa modéstia: *Darf ich?* – "Posso?" – e usa um lencinho de linho para remover uma nódoa preta que lhe ficou debaixo do queixo. Monique sente-se corar e até beijaria os seus companheiros de carruagem. Claro que ela não o faz, porque foi educada de forma severa.

A 15 de Setembro, à meia-noite, ela desembarca na *Gare de l'Est*, com a sua malinha onde sobra apenas um maço de cigarros. Não tem ninguém à espera dela. Ela fica ali, dentro da estação, sem ideia de onde ir e sem sequer um franco no bolso. Dois polícias encontram-na enroscada num banco, como uma criança órfã, sentem pena e deixam-na dormir numa carruagem do comboio ali estacionado. Eles até a cobrem com as suas capas. Monique sabe que lhes chamam *hirondelles* – andorinhas – porque de noite quase voam nas suas bicicletas, com as suas capas pretas a baterem ao vento, bifurcadas em dois, como as caudas das andorinhas. Monique de agora em diante vai sorrir sempre que vir andorinhas.

Regresso
O avião descolou no aeroporto de Orly. Num as-

sento ali perto, uma criancinha de colo pergunta: *Maman, elles aiment les avions, les hi'ondelles?* – "Mamã, as ando'inhas gostam dos aviões?" eu sorrio sem querer.

Adianto o meu relógio de pulso uma hora, mas atraso a minha hora interior. Recuso-me a entrar nesta prisão, a velhice, e deixo-me deslizar rapidamente nas águas do tempo que fluem para trás até eu ser novamente toda-futuro com as minhas idades-vindouras não sacrificadas. Recordo o conselho da minha mãe, quando me fui embora: "Sempre que não me tiveres ao teu lado, minha querida, trata-te como se fosses uma menininha". Revisito todas as pessoas pelas quais Deus me mostrou o seu amor e contorno as que usou para me castigar. Repenso as palavras em que eu acreditava, que era capaz de morrer por elas (e quase morri por algumas). Milhares de vezes, sempre à espera no estúdio que o meu programa começasse, escutava a apresentação: "Esta é a rádio Europa Livre!" Milhares de vezes, também disparava: "Teses e antíteses em Paris. Daqui fala-vos a Mónica…"

Eu tinha cinco anos de idade quando os meus pais ouviram pela primeira vez uma voz na rádio, em 1928. Na altura era um milagre, apanhar de repente uma emissão, sentados no sofá na nossa sala de visitas, ou um concerto dado naquele mesmo momento em Viena, Londres ou Paris. Parecia pura magia, como um truque.

O nosso primeiro aparelho de rádio era do tamanho de uma geleira. Em Paris, para poder ajudar aqueles de casa, transformei-me numa voz. O que eu queria fazer com a minha voz era estilhaçar, pedaço a pedaço, dia após dia, a fronteira invisível que tinha dividido, todos aqueles anos, a Europa livre, onde eu estava, da europa não-livre, onde estava o meu país. Transformei a estética que meu pai me tinha ensinado na Este-ética sobre a qual, infelizmente, ele nada me ensinara. Noite após noite, na rádio, eu desagrilhoava palavras, defendia algo ou alguém.

A polícia política reagiu violenta e energicamente e informou-me que, a menos que me contivesse e me calasse, mataria a minha mãe. Mamã convocou-me a não me conter e não me calar, eu dei-lhe ouvidos e ela foi mesmo assassinada. Depois, por já não poderem usar minha mãe novamente contra mim, deram-me um presente de aniversário: fui espancada na rua por dois homens. Na manhã seguinte, eu estava de volta no estúdio e a minha voz não mostrou os hematomas.

De lá de casa, onde a nossa rádio, Europa Livre, só podia ser escutada clandestinamente, recebi incentivos: "Meu pai morreu a escutar a sua voz"; "Quando o seu programa está no ar, todos os rádios estão ligados, em todos os andares do quarteirão"; "Vivemos num século desfigurado pelo medo. Você nos dá coragem"; "Você tem a voz da verdade"; "Hoje operei um menino. Quando o abri saíram vapores da sua barriguinha – de tanto frio que fazia na sala de operações. Diz isso, também!"; "Escrevo de um país outrora sereno. Devia saber que nós, aqui, perdemos as nossas palavras."

O tempo que tem estado a fluir para trás retoma a sua direcção para adiante, e o avião aterra, trazendo-me a casa. Meu marido esteve sempre calado, também perdido nos seus próprios pensamentos. Aterramos na pista lambida pelos raios do por do sol e observamos avidamente os céus que assistiram á nossa partida há quarenta anos.

A menina do balcão da migração tem uma franja loira que lhe tapa os olhos. Sem olhar para mim, ordena-me que me aproxime. Pensei que todas as minhas emoções se tinham exaurido com a vida, mas mesmo assim treme-me a mão quando estendo o meu passaporte para ela e digo: "Boa noite, Menina!" Ela pestaneja como embeiçada, quando escuta a minha voz, e depois, antes que me aperceba como e porquê, vejo-me abraçada com tanta força que sinto dores no meu peito. Quando ela me larga, vejo que chora. Meu marido assiste á cena toda, da fila ao lado, ligeiramente preocupado. Os meus quarenta anos de rádio ajudam-me a por rédeas na minha voz quando lhe digo:

"Céus, ser recebida assim fez tudo valer a pena".

"Choro feito tola porque só agora percebo que somos livres de verdade", oiço-a dizer e o meu coração sobressalta-se preocupado.

Jelena Lengold
JASMIM E MORTE
Tradução do Sérvio para Português
Zoran Paunović e Sandra Tamele

e dissimilar da vida do resto de Oslo. Eu continuo a prometer que um dia descerei para comprar beringelas, molhos de aipo e salsa, e depois preparar um prato extraordinário que Carsten nunca provou. Mas nunca dá tempo para isso. Fazemos amor, comemos cereais com leite e depois fazemos amor de novo. É deste sonho que nunca desperto. A mão que poisa uvas passas sobre o meu corpo, como botões no Pai Natal. Para depois ele comer, uma por uma, de cima para baixo. Enquanto as estrelas derretem no umbral, anunciando o dia. Sempre demasiado cedo. Às vezes, mesmo assim, decidimos dar uma espreitadela ao mundo, e então descemos as escadas em caracol, saímos para a rua, misturamo-nos na multidão, caminhamos entre turistas, ciclistas, gente que passeia cães, mulheres de burkas que levam os filhos pela mão, passeamos pelos pavimentos cheios de bancas de fruta e vegetais. Esta cidade tem sempre uma cara diferente quando caminho contigo, diz Carsten. Apesar de ter passado nela toda a minha vida. Isto faz-me rir. Qual é a diferença? Cores, diz ele, cores! Por alguma razão, estou completamente inconsciente de todas estas cores quando caminho sozinho. E na realidade, há um grande reclame de cerveja verde pendurado por cima da mercearia apinhada; mesmo ao lado deste, no primeiro andar, duas jardineiras cheias de flores encarnadas, alguns para-sóis multicolores á frente de cada loja, consolas às riscas por cima da mercadoria, o varredor de ruas nas suas calças laranja berrantes, molhos de bananas e melões em todos tons de amarelo, uma velhota com cabelo grisalho lindo a escolher morangos. Este bairro tem as suas cores, seus cheiros que são diferentes em cada canto, o seu som que é uma mistura de gritos de criança, de carrinhas que esperam sempre por algo com os motores ligados, de semáforos a pulsar, buzinas de bicicleta, de rodas que rolam sobre pavimentos carregadas com todo tipo de coisas, de pessoas que falam com auriculares no ouvido, normalmente em línguas que não percebo. Mantenho a minha mão no bolso do casaco do Carsten: num momento os nossos dedos estão entrelaçados, no seguinte a mão dele envolve completamente a minha. E então chegamos ao café. Lá pedimos *espresso* e mordiscamos colheres de plástico. O mundo ainda está na rua e nós fingimos pertencer a ele. Não muito longe dali, num prédio, no quarto andar, uma almofada nos espera, guardando a forma dos nossos crânios, até mesmo quando não estamos no quarto. E os lençóis que cheiram às duas noites anteriores. O sonho é assim.

Boa viagem, diz o taxista, poisando a minha malinha no chão, e escuto a sua voz pela primeira e última vez. Aceno-lhe como se fosse um velho conhecido e ele sorri como se soubesse para onde vou. As mulheres apressadas, tão contentes de manhã tão cedo. Os taxistas sabem sempre. Vejo-o com o meu olho esquerdo, de pé ao lado do carro a olhar para mim enquanto me afasto dele. Endireitando as costas, entro no edifício do aeroporto. Os meus saltos ecoam até as portas giratórias me ejectarem lá dentro, para o clamor geral.

Um homem de pele escura de pé na bicha, mesmo atrás de mim. Alto, de camisa branca simples. Cercados de cordas vamos na direcção dos balcões do check-in, avançando lentamente, passo a passo. Todos, excepto ele, verificam algo nas suas malas, gritam uns com os outros, olhando impacientemente para os relógios, ele não, calmamente de pé como se não tivesse pressa de ir para lugar nenhum. Com cada movimento da bicha, ele dava outro passo. E então passamos directo para a linha amarela, que atravessei antes dele, e entreguei a minha bagagem. Depois esqueci-o, tal como esquecemos o rosto do homem na banca de jornais numa cidade estranha. Empurrei abrindo caminho entre a multidão, sem ter de seguir letras e setas, porque conheço o caminho de cor. Era a sexta vez que ia visitar Carsten. Sempre no mesmo voo, sempre do mesmo portão de embarque.

Olho de esguelha várias hospedeiras passaram por mim, rolando a bagagem de mão atrás delas. Eram belas e assombrosamente idênticas. Seus lenços vermelhos amarrados da mesma maneira. Seus totós debaixo de barretezinhos cinza todos apertados da mesma maneira. Inúmeros pares de olhos olharam para elas por um momento, e depois aquela beleza de uma elegância glaciar desapareceu descendo os corredores.

Eu ainda tinha algum tempo de espera antes da partida. Então entrei na loja de perfumes e comecei a cheirar os frascos. Levantei um até ao meu pescoço, tencionando borrifar o perfume. Depois vi-o novamente ao meu lado, o homem da bicha do check-in. Ele devia ter um andar muito silencioso, porque não me tinha apercebido que se aproximava até ele falar. Ele abordou-me como se nos conhecêssemos há muito. Esse perfume não, disse ele. Se vais sentar ao meu lado, gostaria que cheirasses a jasmim. Como é que ele sabia que me sentaria ao lado dele? Não tive tempo de lhe perguntar, porque ele tocou o meu cotovelo, levou-me até ao expositor seguinte e ofereceu-me a sua mão. Agora tu e eu vamos passear num jardim de jasmim, disse ele.

Uma vendedora pequena, do outro lado da sala, olhava para nós um tanto preocupada. Para mim, a fazer silenciosamente o que Ahmed queria, e para ele, a tirar o frasco, borrifar um semicírculo no ar e dizer, vês, agora vais passar por isto e o aroma ficará em nós. Inala fundo, disse Ahmed. Quando era criança era este o aroma que eu cheirava debaixo da minha janela todas as manhãs ao acordar e hoje gostaria de ter esse aroma constantemente à minha volta.

Um bocadinho de medo deslizou do meu cérebro para algures no meu peito e parou ali, perplexo. Eu queria virar e fugir a correr, pelo mesmo caminho que me levou até ali, de volta para os agentes da migração, e depois para a segurança do meu apartamento. E ao mesmo tempo, eu queria olhar directamente nos olhos mais escuros que vi na vida e perguntar a Ahmed algo que parecia bastante inevitável para mim naquele momento: isso significa que vamos morrer hoje? Porquê comigo? Porquê precisamente neste voo? Ele não sabe que provavelmente neste exacto momento Carsten está a fazer a cama com lençóis limpos e a passar os dedos impacientemente pelo seu cabelo?

No altifalante soou a chamada para os passageiros do nosso voo. Caminhávamos ao lado um do outro, Ahmed e eu, e os agentes que controlaram a nossa bagagem de mão e deixaram-nos passar pelo portão de ferro provavelmente pensaram que fôssemos um casal; incomum, mas um casal. Eu aguardei enquanto Ahmed voltava a por o cinto nas calças e amarrar os atacadores. O agente da migração olhava para mim, intencionalmente e vagamente ao mesmo tempo. Eu devolvi o olhar, olhei directo nos olhos dele, e a seguir lancei vários olhares rápidos para Ahmed. Não aconteceu nada.

O agente nem sequer levantou uma sobrancelha. Não podia esperar nenhuma ajuda dele. Então adeus, nunca mais voltarei a vê-lo novamente, tal como não voltarei a ver o taxista novamente, nem a vendedora, adeus a todos vós que não conseguem perceber o meu olhar. Há demasiadas pessoas neste mundo que ignoram os olhares dos outros, pensei. Então, adeus a todos. Eu não disse nada, só embarquei no avião atrás de Ahmed.

Uma nuvem branca de jasmim seguia-nos, como um passo inaudível do inevitável. Os motores do Boeing rugiram, as rodas ganharam velocidade, a força de gravidade pregou-nos aos nossos assentos por um momento, e foi isso. Estávamos no ar. Ninguém à minha volta conseguia ter sequer uma vaga ideia sobre as alturas que iríamos atingir.

O que aconteceu aos arbustos de jasmim da tua infância, perguntei a Ahmed, quando o avião finalmente atingiu a altura programada. Já não há nada, respondeu ele, sem olhar para mim. Apenas morte. Apenas o cheiro de corpos humanos putrefactos e animais doentes. E as casas, o que lhes aconteceu? Não há casas. Nem quintais. Onde dantes havia canteiros de flores, agora há chapas de zinco, caídas das casas em ruínas. Os tanques lagartearam sobre vedações e pomares. Agora só há terra seca e esqueletos. Buracos nas paredes, como feridas que não saram. E rafeiros esqueléticos a vaguearem, só.

Estávamos a voar quase sem nenhum ruído por cima de nuvens brancas e perfeitas, onde o sol desenhava cenas tão bonitas, como de um sonho da infância. Olha, disse eu, vês o cisne! E dois ursos polares! Ali, estão ali, acabamos de passar por eles! Ahmed levantou a mão no ar por um momento, como se hesitasse e a seguir fez-me uma festa na bochecha. Senti que estava à beira das lágrimas, apesar de não saber de onde vinham. Não adiantava pedir-lhe para mudar de ideias, eu sabia disso. Ahmed tinha os olhos mais escuros que já vi na vida.

Ele ficou em silêncio vários minutos, com o ombro a pressionar o meu com firmeza. Tive a impressão que algures na profundeza do seu corpo senti um tremor tímido, suprimido. Ou quem sabe, talvez viesse do meu corpo? A seguir ele levantou-se lentamente e disse que ia para a casa de banho. É agora, pensei. Vai acontecer agora. E tudo isto irá desaparecer, estas nuvens, este aroma, e a pequena lâmpada que pisca por cima das nossas cabeças, também vai desaparecer. Estranhamente, eu não tinha medo. Estava resignada e triste, por ele, tanto como por mim. Algures lá em baixo, bem lá debaixo de nós, a vida talvez nos tenha dado algo, se ao menos as pessoas conseguissem entender os olhares dos outros. Ele deslizou ao meu lado e queria ir, mas eu puxei-lhe a manga. Espera, disse eu, tenho uma coisa para te dizer. Ahmed parou. Tem um homem à minha espera em Oslo. Ele aprendeu a fazer bolo de ameixa por minha causa e encheu o apartamento de flores. Penso que é momento de esquecê-lo, disse Ahmed silenciosamente e sorriu, mais com os olhos do que com a boca. Espera, disse eu, vem cá, tenho mais uma coisa para te dizer. Ahmed baixou o ouvido até aos meus lábios. Eu quero fazer amor hoje à noite, compreendes? Ele olhava para mim como se tivesse compreendido. Ele olhava para mim como ninguém nunca me olhou. Que pena, que pena irrevogável, pensei. A seguir ele afastou-se pelas filas de assentos e desapareceu detrás da cortina para sempre. A nuvem de jasmim rasgou-se em duas.

Eu estava sentada e esperava. Surpreendentemente serena. Recordei uma tia minha, que esteve semanas a morrer no hospital. Recordei o seu corpo decadente e o rosto a tornar-se cada vez mais amarelado de um dia para o outro, até finalmente adquirir a cor da terra. Qualquer coisa é melhor do que aquilo, pensei. Será que este será o meu último pensamento? Não, tenho de pensar algo mais bonito, rápido, rápido, aquelas manhãs com o ruído da rua lá longe e o sol a espreitar pelas persianas. Carsten desperta e o seu cabelo cai-lhe sobre os olhos, a pele dele é quente debaixo do cobertor, tenho de pensar nisso, ou talvez o canto dos galos que não oiço há anos, gostaria muito de voltar a ouvir, não, não quero pensar em galos no último momento da minha vida, mas e depois, porque não, olha, uma destas nuvens parece precisamente um enorme galo branco...

De repente apercebi-me que Ahmed tinha regressado e que estava de pé ao meu lado, à espera que o deixasse passar. Era óbvio que tinha passado a mão molhada pelo cabelo. Estamos vivos, disse eu, quando ele se sentou ao meu lado novamente. Sim estamos, disse ele. Às vezes também a mim parece fantástico, mas mesmo assim continuo vivo.

Pelo altifalante eles mandavam-nos apertar os cintos de segurança, tudo tremeu por um momento, o avião tirou as rodas e a cidade multicolorida apareceu debaixo de nós. Cheirava a jasmim. Eu não sabia onde iríamos a seguir, quando aterrarmos, Ahmed e eu.

A PUBLICAÇÃO DESTE LIVRO FOI POSSÍVEL GRAÇAS AO GENEROSO APOIO DE:

Carlos De Lemos
Master Power Technologies Moçambique S.U., Lda.
digit Digital Inspiration
Abiba Abdala
Abílio Coelho
Almir Tembe
Ana Catarina Teixeira
Ângela Marisa Baltazar Rodrigues Bainha
Antonella De Muti
Carla Marília Mussa
Carlos 'Cajó' Jorge
Celma Mabjaia
Celso Tamele
Dalva Isidoro
Eduardo Quive
Emanuel Andate
Euzébio Machambisse
Hermenegildo M. C. Gamito
Hugo Basto
Ilka Collison
Inês Ângelo Tamele Bucelate
Jéssica Brites
João Raposeiro
José dos Remédios
Julião Boane
Maria Gabriela Aragão
Muzila Nhatsave
Pincal Motilal

Ricardo Dagot
Sónia Pandeirada Pinho
Tina Lorizzo
Virgília Ferrão

O SEU NOME TAMBÉM PODE CONSTAR NESTE E NOUTROS LIVROS

SUBSCREVA OU OFEREÇA UMA SUBSCRIÇÃO AOS SEUS AMIGOS E FAMILIARES

Além das vendas na livraria, a Editora Trinta Zero Nove conta com subscrições de pessoas como você para poder lançar as suas publicações.

Os nossos subscritores ajudam, não só a concretizar os livros fisicamente, mas também a permitir-nos abordar autores, agentes e editores, por podermos demonstrar que os nossos livros já têm leitores e fãs. E dão-nos a segurança que precisamos para publicar em linha com os nossos valores literários e de responsabilidade social.

Subscreva aos nossos pacotes de 3, 6 ou 12 livros e/ou audiolivros por ano e enviaremos os livros ao domicílio antes da publicação e venda nas livrarias.

Ao subscrever:

receberá uma cópia da primeira edição de cada um dos livros que subscrever

receberá um agradecimento personalizado com o seu nome impresso na última página dos livros publicados com o apoio dos subscritores

receberá brindes diversos e convites VIP para os nossos eventos e lançamentos

Visite www.editoratrintazeronove.org ou ligue para nós pelo 870 003 009 ou envie-nos um WhatsApp para 847 003 009 para apoiar as nossas publicações ao subscrever os livros que estamos a preparar.

SEJA BEM-VINDO
À EDITORA TRINTA ZERO NOVE
nós damos voz às estórias

Para os leitores de palmo e meio - Infanto-juvenil
Alya e os três gatinhos *de Amina Hachimi Alawi, Marrocos*
Sabes o que eu vejo? *de Amina Hachimi Alawi, Marrocos*
A rota dos espiões *de Manu e Deepak, Índia*
Akissi, o ataque dos gatos *de Marguerite Abouet, França*
Eu rezemos só que me safo *sessenta redacções de crianças Napolitanas, de Marcello D'Orta, Itália*
Colecção (en)cont(r)os – Conto
Não tentem fazer isto em casa *de Angela Readman, Reino Unido*
Líquida *de Anna Felder, Suíça*
Rafeiros em Salónica *de Kjell Askildsen, Noruega*
Intrusos *de Mohale Mashigo, África do Sul*
O Redentor do Mundo *colectânea do Concurso de Tradução Literária 2019*
No oco do Mundo *colectânea do Concurso de Tradução Literária 2015-2018*
Colecção (des)temidos - Romance
Não vás tão docilmente *de Futhi Ntshinguila, África do Sul*
Eu não tenho medo *de Niccolò Ammaniti, Itália*
Colecção (uni)versos – Poesia
feeling e feio *de Danai Mupotsa, África do Sul*
A Perseverança *de Raymond Antrobus, Reino Unido*
Não-ficção
Meu Nome é Porquê *de Lemn Sissay, Reino Unido*

Printed in the United States
by Baker & Taylor Publisher Services